文学之都
小文库

城门城门几丈高

南京童谣

◎周益民 编

南京出版社

图书在版编目（CIP）数据

南京童谣 / 周益民编. -- 南京：南京出版社，
2020.8
（文学之都小文库）
ISBN 978-7-5533-2870-6

Ⅰ. ①南… Ⅱ. ①周… Ⅲ. ①阅读课－小学－课外读物 Ⅳ. ①G624.233

中国版本图书馆CIP数据核字（2020）第073478号

书　　名　南京童谣
编　　者　周益民
出版发行　南京出版社
社址：南京市太平门街53号　　邮编：210016
网址：http://www.njcbs.cn　　电子信箱：njcbs1988@163.com
联系电话：025-83283893、83283864（营销）　025-83112257（编务）

出 版 人　项晓宁
出 品 人　卢海鸣
责任编辑　鲍咏梅　彭　宇
装帧设计　周　勇
责任印制　杨福彬

排　　版　南京新华丰制版有限公司
印　　刷　南京爱德印刷有限公司
开　　本　890毫米×1240毫米　1/32
印　　张　3
插　　页　2
字　　数　57千
版　　次　2020年8月第1版
印　　次　2024年8月第4次印刷
书　　号　ISBN 978-7-5533-2870-6
定　　价　30.00元

用微信或京东APP扫码购书

用淘宝APP扫码购书

编委会主任

项晓宁　卢海鸣

编委会委员

茹　洋　吴海燕　袁　爽

编　者

周益民

审　稿

高安宁

剪纸创作

张方林　陈　耀

水墨插画

张　叶

合作单位

南京市民间文艺家协会

童谣是一个故乡

周益民

2019年10月31日，南京被联合国教科文组织评定为世界文学之都。喜讯传来，微信朋友圈一片欢腾。看着朋友们列举的那些跟南京相关的大家名著，我想起，还有一类作品，它们从遥远的古代走来，一代代口耳相传，生生不息。没有人知道它们的作者，可它们真正飞入了每一个“寻常百姓家”。它们和那些传世名著一起，共同绘就了我们这个城市的独特气质、文化气息，也镌刻在了个体的生命印迹之中。它们，就是那些古老的童谣、悠远的故事。

童谣是儿童的诗经，是文学的母乳。孩子呱呱坠地起，母亲的摇篮曲便是他所听到的最美天籁。柔和的哼唱伴着轻轻拍抚，带来的是温暖，是安心。待得长大些，游戏成了孩子们乐此不疲的活动。歌戏互补，童谣总是与之相随，“咯咯”的欢笑声能一直从童年传到成年。

古人称童谣是“天地之妙文”。在动人的童谣里，孩子们获得了对于世界的最初认知，懂得了做人的道德规范，获得了基本的价值传递。更为重要的是，念诵童谣实在是一种语言的狂欢，那特有的节奏和韵律让孩子着迷，颠倒歌中的俏皮幽默让孩子兴奋，连锁调的语言秘密让孩子好奇，问答歌的循环往复让孩子投入，绕口令、谜语歌的语言陷阱让孩子痴恋……童谣，陪伴了童年。童年，钟情着童谣。

童谣，不唯南京独有，不唯任何一个地域独有。可是，当童谣承载了南京特有的人情风俗，那么，它就是南京的，就的的确确是南京的了。尤其是，当用地道的南京话念诵“六十六岁的陆老头”们时，我们会突然领悟一种特别的味道，一种无法言说的母语乡音的味道，一种南京人会心一笑的味道。童谣为我们建立了一个特别的故乡。

对于当下的孩子，这些老童谣则是新崭崭的，它们带来了从前的感觉与气息，更有着所有童年相通的趣味与神秘，拍着手唱，跺着脚唱，亲着妈妈爸爸唱，看着蓝天白云唱，追着野蜂飞蝶唱，拉着花灯彩车唱，对着秦淮河唱，逛着夫子庙唱，爬着紫金山唱……在快乐的诵读念唱中，孩子们与祖辈完成了一场精神上的交流。

本书中，我们精心挑选了38首南京老童谣，献给每一个南京人和南京的朋友。它的适读年龄是，0—99岁。

目录

一 游戏篇

城门城门几丈高 …… 02

炒盐豆，炒豌豆 …… 04

毽子歌 …… 06

跳牛皮筋歌 …… 08

我在张家学打铁 …… 10

二 生活篇

数字地名歌 …… 14
拜年谣 …… 16
正月看灯 …… 18
南京风味小吃谣 …… 20
对歌谣 …… 22
挑担山歌下扬州 …… 24
南京城门谣 …… 26
南京古桥歌 …… 28

三奇想篇

谜语歌……32
十字歌……34
天上一颗星……36
月亮巴巴亮堂堂……38
月亮月亮巴巴……40
一枝花……42

四 自然篇

高淳东坝……46
荷花荷花几月开……48
亮火子虫……50
春打正月节……52
牵牛花，吹喇叭……54
夏九九歌……56
冬九九歌……58

五古怪篇

大头娃……62
新街口，拦路口……64
三轮车跑得快……66
一面鼓……68
六合县……70
牛皮不是吹的……72
从来不讲丁倒话……74
撒谎谣……76
从来不说谎……78
姐在房中头梳手……80
上学堂……82
问哥哥……84

游戏篇

韶韶玩玩

“三十六丈高”，差不多120米高。城门有这么高吗？

南京的城门，实际没有“三十六丈高”，这是夸张的说法。这首童谣流传到现在据说有600多年了。

我们找几个小伙伴一起来玩一玩吧！

韶韶：南京方言，随便聊聊。

城门城门几丈高

城门城门几丈高？
三十六丈高。
骑大马，带把刀，
走进城门抄一抄，
问你吃橘子吃香蕉？

丈：中国市制长度单位，一丈为十尺，一尺为十寸。一丈约为3.33米。

韶韶玩玩

这人玩杂技的吧，炒个豆还翻跟头。

这是游戏童谣。来，我教你玩。拉着我的手，边唱边晃手，“炒一堆白果翻跟头”，不许放手，向后转，再翻过来看着我。动作默契配合好，不然就要翻跟头。

炒盐豆，炒豌豆

炒盐豆，
炒豌豆，
炒一堆白果翻跟头！

毽子歌

一手心，二手背，
三拍手，四叉腰，
五敬礼，六做操，
七点头，八打跳。

韶韶玩玩

这是踢毽子时念的童谣，从毽子放手心开始，到“打跳”结束。女生最擅长啦！

别小瞧男生，我这就表演给你看。

跳牛皮筋歌

小汽车，滴滴滴，
马兰开花二十一，
二五六，二五七，
二八二九三十一；
三五六，三五七，
三八三九四十一；
四五六，四五七，
四八四九五十一；
……
九八九九一百一！

韶韶玩玩

这是跳牛皮筋时唱的童谣。

唱着童谣几个人一起跳，动作整齐还优美。

我在张家学打铁

一摩金，二摩银，三摩四摩打手心。
张打铁，李打铁，我在张家学打铁。
打铁打到正月正，家家门口挂笼灯。
打铁打到二月二，家家开门接女儿。
打铁打到三月三，荠菜花儿赛牡丹。
打铁打到四月四，一个铜钱四个字。
打铁打到五月五，洋糖粽子敬老母。
打铁打到六月六，蚊子叮来扇子扑。
打铁打到七月七，七根鹅毛七管笔。
打铁打到八月八，家家户户杀鸡鸭。
打铁打到九月九，九个老头喝烧酒。
打铁打到十月朝，老子牵牛儿子吆。
打铁打到十一月，里穿单衣外下雪。
打铁打到十二月，杀猪宰羊忙过节。

韶韶玩玩

这首童谣讲到南京的很多风俗呢。

可是，这句说起来感觉不太顺口：“打铁打到六月六，蚊子叮来扇子扑。”

“六”在南京话里读“陆”，你要用南京话讲啊。

来，我们一边拍手一边说。

生活篇

数字地名歌

一枝园，二郎庙，
三山街，四象桥，
五马街，六角井，
七家湾，八府塘，
九龙桥，十字街。

韶韶玩玩

这首数字歌很巧妙，说的都是南京老地名。我坐地铁一号线时，听到有“三山街”。

拜年谣

拜年拜年，好话上前。
见面拱手，互相拜年。
恭喜恭喜，糖茶泡炒米。
发财发财，元宝滚滚来。
娃儿拜年要磕头，长命百岁摸摸头。
把头一磕，有吃有喝。
左手一伸，瓜子花生；
右手一伸，压岁钱上身。
要走要走，欢喜团到手；
多谢多谢，笑呵呵告别。

韶韶玩玩

请教一下，“欢喜团”是什么东西？

当然是让人流口水的东西啦！样子嘛，像一个小球。用炒米和饴糖做的。

好，明年过年我来拜年，跟你讨个欢喜团。

正月看灯

娃娃哎，
出来玩灯咯，
不要你的红，
不要你的绿，
只要你一根小蜡烛。

韶韶玩玩

这首童谣说的是南京的娃儿正月十五去夫子庙灯会看花灯、买花灯，回家后小朋友一起玩灯的情景。

我还知道这些灯：“大宫灯，红彤彤；走马灯，转不停；金鱼灯，摇尾巴；孔雀灯，开彩屏。金灯银灯五彩灯，一盏一盏数不清。”

福

南京风味小吃谣

糖粥藕，糖芋苗，桂花酒酿小元宵。
豆沙条，马蹄糕，松子茶糕满街跑。
烫干丝，三丁包，各色烧卖和火烧。
小刀面，大馄饨，油条水饺甑儿糕。
腊八粥，豌豆糕，荷叶乌饭炒元宵。
五香藕，糖山芋，枣泥馅心山药桃。
熟荸荠，热菱角，年糕百合千层糕。
葱油饼，豆腐脑，金陵春卷加年糕。
状元豆，油炸干，蛤蟆酥儿炒米团。
鸭血汤，牛肉汤，五香驴肉老卤（lǔ）干。
火腿粽，梅花糕，鸭血粉丝和汤包。
糖炒栗，绿豆糕，什锦菜包好味道。

韶韶玩玩

哎呀，这么多美味小吃，口水流了一地。

注意点形象，我们要做个有文化的“吃货”。知道清代的袁枚吧，他写的《随园食单》就列了很多小吃。

阿要辣油啊？嘻嘻！

对歌谣

对歌对歌来对歌，
你歌哪有我歌多，
你歌只有那几个，
我歌能有几大箩。

对歌对歌来对歌，
对上三千八百个，
如果把你对输了，
叫你明年来嫁我。

韶韶玩玩

不对了，不对了，对不出来我才不愿嫁给你。

咳，对歌也是一种游戏呀！

挑担山歌下扬州

小小扁担软悠悠，
挑担山歌下扬州。
遇到一场雷暴雨，
打得山歌到处溜。
躲的躲来溜的溜，
溜得山歌满田沟。
找回山歌大半箩，
还够明年唱一秋。

韶韶玩玩

这首山歌很俏皮，我一边念一边乐。
我要配个曲子唱一唱。

南京城门谣

金陵古城城门大，里城外城甲天下。
里十三，外十八，一道门闩（shuān）外面插。
三山聚宝临通济，正阳朝阳定太平。
神策金川近钟阜，仪凤定淮清石城。
江东驯象只一家，安德凤台一枝花。
双桥夹岗在山凹，高桥上方有八家。
沧波麒麟走天下，尧化仙鹤人人夸。
上元佛寺无人家，童子跪拜观世音。
栅栏崇潼人害怕。

韶韶玩玩

明代的南京城门，有“里十三、外十八”的说法。“里十三”指内城有13座城门，“外十八”指外城有18座城门。

“里十三”为：神策门（今和平门）、金川门、钟阜门（俗称小东门）、仪凤门、定淮门、清凉门、石城门（今汉西门）、三山门（今水西门）、聚宝门（今中华门）、通济门、正阳门（今光华门）、朝阳门（今中山门）和太平门。“外十八”现在已全部消失；但不少城门名字，已经成了老地名，如安德门、夹岗门、麒麟门、仙鹤门等。

南京古桥歌

上有上浮桥，
下有下浮桥，
当中夹个陡门桥。
天上飞的鸽子桥，
山上跑的老虎桥。
头上戴的珍珠桥，
手上拿的如意桥，
脚下踩的莲花桥。
武士爱走武定桥，
状元爱走文德桥。
爸妈喜爱娃娃桥，
人人爱过长乐桥。

韶韶玩玩

南京是中国四大古都之一，古时候城里城外有好多桥呢。

找一找，你家附近有古桥吗？

奇想篇

谜语歌

一

麻屋子，红帐子，
里面睡个白胖子。

二

兄弟七八个，围着柱子坐，
只要一分开，衣裳就扯破。

韶韶玩玩

猜出谜底了吗？

有点费脑筋。谜底分别是“花生”“大蒜头”，对吗？

十字歌

锣鼓一打多热火，
听我唱个十字歌。
一字像扁担，
二字隔条河，
三字中间有条船，
四字把门紧紧锁，
五字盘脚坐，
六字伸着腿，
七字翘着脚，
八字眉毛生得恶，
九字堂前挂金钩，
十字中间穿心过。

韶韶玩玩

这首童谣说的是“一”到“十”这些数字的写法，真形象。

我来挑战一下，看能不能有另外的说法。

天上一颗星

天上一颗星，
地上一个钉，
叮叮当当挂油瓶。
油瓶破，八瓣个，
猴子挑水井上坐。
鸡淘米，猫烧锅，
老鼠开门笑呵呵！

韶韶玩玩

　　这首童谣适合在夏天的晚上，指着天上的星星说。

　　好有童话的味道！

韶韶玩玩

这首童谣好有意思，前一句的最后一个词常常是后一句的第一个字词。

这种形式的童谣叫连锁调。连锁调句与句之间在内容上没有什么关联，完全是说着顺口，有趣。

夏天的夜晚，我要坐在月亮底下，说这首童谣。

月亮巴巴亮堂堂

月亮巴巴亮堂堂，
照见家婆洗衣裳，
衣裳洗得白洋洋。
送小哥，上学堂，
学堂高，打把刀，
刀又快，切根菜，
菜又长，捏点糖，
糖又甜，捏点盐，
盐又咸，捏点矾，
矾又稀，杀只鸡，
鸡又叫，老妈妈吓得双脚跳。

家婆：外婆。

月亮月亮巴巴

月亮月亮巴巴，里头有个妈妈；
妈妈出来买菜，里头有个老太；
老太出来烧香，里头有个姑娘；
姑娘出来洗脚，里头有个喜鹊；
喜鹊出来飞飞，里头有个乌龟；
乌龟出来爬爬，里头有个娃娃；
娃娃出来叫妈妈，妈妈妈妈快回家！

韶韶玩玩

这也是连锁调，我一下就记住了。

用南京话说过瘾，十分顺口。考考你，“洗脚”和“喜鹊”南京话怎么说？

一枝花

头不梳，稻草花，
脸不洗，锅巴花，
弯弯眉毛月亮花，
眼睛好像珍珠花，
鼻头尖尖灯草花，
嘴一张，喇叭花，
两根辫子花对花，
两手一伸金针花，
躬身好似白兰花，
两腿一站蜡梅花，
小把戏家看到花，
哈哈一笑牡丹花。

韶韶玩玩

我发现一个秘密，这首童谣每句的最后一个字都是“花”，念起来好带劲。

这叫“字头歌”。

我还想起来一首“字头歌”：天上有日头，地下有石头，嘴里有舌头，瓶口有塞头。

自然篇

韶韶玩玩

这首童谣有点读不懂，东坝在高淳的胥河上，北寺塔在苏州呢。

这里涉及到了地理知识，是说两地之间水位的高度差距很大。

果然高手，多谢！

高淳东坝

高淳东坝倒，
北寺塔上漂稻草。

荷花荷花几月开

荷花荷花几月开？正月不开二月开。

荷花荷花几月开？二月不开三月开。

荷花荷花几月开？三月不开四月开。

荷花荷花几月开？四月不开五月开。

荷花荷花几月开？五月不开六月开。

六月一到朵朵开！

《荷花荷花几月开》原是一首游戏童谣，共三个部分，这是其中的第三部分。

韶韶玩玩

荷花荷花几月开，为什么不一下子说出答案，而要一问一答这么多次？

这就是童谣好玩的地方啊！这种一问一答的童谣叫问答歌。

亮火子

亮火子虫，
夜夜红，
飞到西来飞到东。
不要你的金，
不要你的银，
只要你的肚子亮晶晶。

韶韶玩玩

亮火子虫就是萤火虫。它们用小小的光亮为夏天的夜晚增添了诗意。

我们来模仿亮火子虫飞舞的动作吧！

韶韶玩玩

这首童谣是说正月以后春天到了，田野一片生机。

还说出了春天不同时节大自然的变化。

春打正月节

春打正月节，龙灯玩不歇。
三月桃花水，四月塘开裂。
春寒多雨水，麦苗正拔节。
春雨贵如油，种田好时节。

牵牛花，吹喇叭

牵牛花，爬云楼，
云楼高，爬树梢。
树梢长，爬东墙，
东墙滑，爬篱笆。
篱笆高，不敢爬，
躺在地上吹喇叭，
嘀嘀嗒，嘀嘀嗒。

韶韶玩玩

这也是一则连锁调。

这则连锁调对牵牛花的描绘十分形象，有点动画片的感觉呢。

夏九九歌

夏至入头九，羽扇握在手；
二九一十八，脱冠着罗纱；
三九二十七，出门汗欲滴；
四九三十六，卷席露天宿；
五九四十五，炎秋似老虎；
六九五十四，乘凉进庙祠；
七九六十三，床头摸被单；
八九七十二，子夜寻夹被；
九九八十一，开柜拿棉衣。

冠：帽子。

韶韶玩玩

夏至是二十四节气之一。从夏至开始的 81 天称作“夏九九”。

“着罗纱”，意思是该穿上夏天的衣服啦。“罗纱”，蚕丝织成的衣服，又薄又轻，当然凉快了。

中国地域辽阔，不同地区“夏九九歌”也是会有差别的。

冬 九九歌

头九到二九，相见不出手。
三九二十七，寒风打竹篱。
四九三十六，夜眠如露宿。
五九四十五，穷汉街头舞。
六九五十四，篱芽发嫩刺。
七九六十三，行人把衣单。
八九七十二，河上冰无盖。
九九八十一，穷汉受罪毕。
才得放脚眠，蚊虫蚤虱（shī）出。

韶韶玩玩

冬至，就是人们常说的“大冬”“小年”。“数九寒天”就是从冬至开始。

好同情古人，现在我们有空调、取暖器，冬天一点不怕冷。

古怪篇

大头娃

大头大头，
下雨不愁，
人家有伞，
我有大头。

韶韶玩玩

好羡慕你，有个大头。

小头也好啊，“我有大头，你用手遮”，哈哈！

新街口，拦路口

新街口，
拦路口，
不给钱，
不许走！

韶韶玩玩

好可怕，新街口竟然有路霸！
嘻嘻，那是玩拦路的游戏呢。
你以为我不晓得啊，我是哄你玩的。

新街

三轮车跑得快

三轮车，跑得快，
上面坐个老太太。
要五毛，给一块，
你说奇怪不奇怪？

韶韶玩玩

不奇怪，不奇怪，她说不要忙着做买卖，恐怕把我摔下来。

说奇怪，也奇怪。……

韶韶玩玩

这是绕口令啊，说得我舌头差点儿打结。

我发现，要说清带“u”音的字：鼓、虎、傅、布、补。

嗯，我先一句一句慢慢练，熟练以后快速说。

一面鼓

城隍庙里一面鼓，
鼓上画了花老虎。
和尚师傅来擂鼓，
撞破鼓，擂破鼓。
老妈妈来了寻破布，
寻破布，补破鼓。
只有破衣破布补，
哪有破鼓补破布？

六合县

六合县有个
六十六岁的陆老头，
盖了六十六间楼，
买了六十六篓油，
堆在六十六间楼；
栽了六十六株垂杨柳，
养了六十六头牛，
扣在了六十六株垂杨柳。
遇了一阵狂风起，
吹倒了六十六间楼，
翻了六十六篓油，
断了六十六株垂杨柳，
打死了六十六头牛，
急煞（shà）了六合县的
六十六岁的陆老头。

韶韶玩玩

这则绕口令好玩，就看你“六”说得溜不溜。

友情提醒，“六”念“陆”。

我晓得，六合嘛，我常去，现在是六合区了。

牛皮不是吹的

牛皮不是吹的，
紫金山是我堆的。
牛皮不是造的，
长江水是我倒的。

韶韶玩玩

哈哈，这牛皮吹大了，长江水都是他倒的。

我说的时候强调了“吹”“堆”“造”“倒”这几个字。

从来不讲丁倒话

我睡了床上头枕手，
听见门外头人咬狗，
拉开天来望望门，
满天着月亮一颗星。
我捏起狗子嗨石头，
阴沟脱了蒲鞋里。
我从来不讲丁倒话，
吹鼓打喇叭，
骑轿子抬马。

着：的。嗨：借音，意思是扔。丁倒：高淳方言，颠倒。

韶韶玩玩

这是颠倒歌，把东西都反着说了。

太好玩了，题目还一本正经说“从来不讲丁倒话”。

撒谎谣

叫我唱歌我唱歌，
听我唱个撒谎歌，
螃蟹洞里公鸡叫，
柳树头上黑鱼窝，
坐在床上追兔子，
紫金山上摸田螺，
摸个田螺九斤重，
田螺肉子挑挑一大锅，
大家吃得乐呵呵！

韶韶玩玩

撒谎谣是颠倒歌的另一个名字吧。

一个田螺九斤重，这是用小人国的秤称的吧！

从来不说谎

从来不说谎，
三岁到湖广，
我在湖广楼上歇，
伸手勾着月。
隔壁吃螃蟹，
溅我一身血。

湖广：在明清时代及以后指两湖（湖北、湖南）。

南京童谣

韶韶玩玩

这是老早以前的歌谣，那时候交通很不方便，一个三岁的南京小娃儿，一般是不可能到那儿去的。

“我在湖广楼上歇，伸手勾着月”，让我想起了李白的诗句“危楼高百尺，手可摘星辰”。

我晓得了，这首童谣也是颠倒歌。

姐在房中头梳手

姐在房中头梳手，
忽听门外人咬狗，
拾起狗来砸砖头，
又怕砖头咬了手，
从来不说颠倒话，
捎袋驮着驴子走。

韶韶玩玩

“姐在房中手梳头，忽听门外狗咬人”，哈，我把颠倒的“正”过来啦！

我们自己也来编一个颠倒歌吧！

韶韶玩玩

这也是一首连锁调。

大伯小叔都是淘气包。

上学堂

亮婆婆，眯眯荡，
大伯小叔上学堂。
学堂空，拜相公，
相公矮，捉只蟹，
蟹趾尖，找神仙，
神仙飞上天，
上山摘青梅，
青梅苦，难下肚，
肚皮空，钻山洞，
洞中跳出大狗熊，
逃回学堂求相公，
相公喜，读四书，
长大做个大学士。

相公：以前称年轻的读书人。

四书：《大学》《中庸》《论语》《孟子》四部作品。这些是以前的读书人必读的书。

大学士：古代辅助皇帝的高级秘书官。

问哥哥

小麻雀，顺地滚，
我问哥哥可买粉？
买起粉来不会搽，
我问哥哥可买麻？
买起麻来不会搓，
我问哥哥可买锅？
买起锅来不会煮，
我问哥哥可买鼓？
买起鼓来不会敲，
我问哥哥可买刀？
买起刀来不会切，
我问哥哥可买鸭？
买起鸭来不会钳，
我问哥哥可买田？
买起田来不会种，
我说哥哥烂无用。

NANJING
CITY OF
LITERATURE

Designated
UNESCO Creative City
in 2019

献给

南京和南京的朋友